圖書在版編目（CIP）數據

海國四說．一／（清）梁廷枏撰．-- 北京 ： 文物出版社， 2023.3
（海上絲綢之路基本文獻叢書）
ISBN 978-7-5010-7937-7

Ⅰ．①海… Ⅱ．①梁… Ⅲ．①筆記－中國－清代－選集②中國歷史－史料－清代 Ⅳ．① K252.066

中國國家版本館 CIP 數據核字（2023）第 026495 號

海上絲綢之路基本文獻叢書

海國四說（一）

撰　　者：〔清〕梁廷枏
策　　劃：盛世博閱（北京）文化有限責任公司

封面設計：鞏榮彪
責任編輯：劉永海
責任印製：張道奇

出版發行：文物出版社
社　　址：北京市東城區東直門内北小街 2 號樓
郵　　編：100007
網　　址：http://www.wenwu.com
經　　銷：新華書店
印　　刷：河北賽文印刷有限公司
開　　本：787mm×1092mm　1/16
印　　張：11.75
版　　次：2023 年 3 月第 1 版
印　　次：2023 年 3 月第 1 次印刷
書　　號：ISBN 978-7-5010-7937-7
定　　價：90.00 圓

總緒

海上絲綢之路，一般意義上是指從秦漢至鴉片戰爭前中國與世界進行政治、經濟、文化交流的海上通道，主要分爲經由黄海、東海的海路最終抵達日本列島及朝鮮半島的東海航綫和以徐聞、合浦、廣州、泉州爲起點通往東南亞及印度洋地區的南海航綫。

在中國古代文獻中，最早、最詳細記載『海上絲綢之路』航綫的是東漢班固的《漢書·地理志》，詳細記載了西漢黄門譯長率領應募者入海『齎黄金雜繒而往』之事，書中所出現的地理記載與東南亞地區相關，并與實際的地理狀况基本相符。

東漢後，中國進入魏晋南北朝長達三百多年的分裂割據時期，絲路上的交往也走向低谷。這一時期的絲路交往，以法顯的西行最爲著名。法顯作爲從陸路西行到印度，再由海路回國的第一人，根據親身經歷所寫的《佛國記》（又稱《法顯傳》）一書，詳細介紹了古代中亞和印度、巴基斯坦、斯里蘭卡等地的歷史及風土人情，是瞭解和研究海陸絲綢之路的珍貴歷史資料。

隨着隋唐的統一，中國經濟重心的南移，中國與西方交通以海路爲主，海上絲綢之路進入大發展時期。廣州成爲唐朝最大的海外貿易中心，朝廷設立市舶司，專門管理海外貿易。唐代著名的地理學家賈耽（七三〇～八〇五年）的《皇華四達記》記載了從廣州通往阿拉伯地區的海上交通『廣州通海夷道』，詳述了從廣州港出發，經越南、馬來半島、蘇門答臘島至印度、錫蘭，直至波斯灣沿岸各國的航綫及沿途地區的方位、名稱、島礁、山川、民俗等。譯經大師義净西行求法，將沿途見聞寫成著作《大唐西域求法高僧傳》，詳細記載了海上絲綢之路的發展變化，是我們瞭解絲綢之路不可多得的第一手資料。

宋代的造船技術和航海技術顯著提高，指南針廣泛應用於航海，中國商船的遠航能力大大提升。北宋徐兢的《宣和奉使高麗圖經》詳細記述了船舶製造、海洋地理和往來航綫，是研究宋代海外交通史、中朝友好關係史、中朝經濟文化交流史的重要文獻。南宋趙汝适《諸蕃志》記載，南海有五十三個國家和地區與南宋通商貿易，形成了通往日本、高麗、東南亞、印度、波斯、阿拉伯等地的『海上絲綢之路』。宋代爲了加强商貿往來，於北宋神宗元豐三年（一〇八〇年）頒布了中國歷史上第一部海洋貿易管理條例《廣州市舶條法》，并稱爲宋代貿易管理的制度範本。

元朝在經濟上採用重商主義政策，鼓勵海外貿易，中國與世界的聯繫與交往非常頻繁，其中馬可·波羅、伊本·白圖泰等旅行家來到中國，留下了大量的旅行記，記録元代海上絲綢之路的盛況。元代的汪大淵兩次出海，撰寫出《島夷志略》一書，記録了二百多個國名和地名，其中不少首次見於中國著録，涉及的地理範圍東至菲律賓群島，西至非洲。這些都反映了元朝時中西經濟文化交流的豐富内容。

明、清政府先後多次實施海禁政策，海上絲綢之路的貿易逐漸衰落。但是從明永樂三年至明宣德八年的二十八年裏，鄭和率船隊七下西洋，先後到達的國家多達三十多個，在進行經貿交流的同時，也極大地促進了中外文化的交流，這些都詳見於《西洋蕃國志》《星槎勝覽》《瀛涯勝覽》等典籍中。

關於海上絲綢之路的文獻記述，除上述官員、學者、求法或傳教高僧以及旅行者的著作外，自《漢書》之後，歷代正史大都列有《地理志》《四夷傳》《西域傳》《外國傳》《蠻夷傳》《屬國傳》等篇章，加上唐宋以來衆多的典制類文獻、地方史志文獻，集中反映了歷代王朝對於周邊部族、政權以及西方世界的認識，都是關於海上絲綢之路的原始史料性文獻。

海上絲綢之路概念的形成，經歷了一個演變的過程。十九世紀七十年代德國地理學家費迪南·馮·李希霍芬（Ferdinad Von Richthofen，一八三三～一九〇五），在其《中國：親身旅行和研究成果》第三卷中首次把輸出中國絲綢的東西陸路稱爲『絲綢之路』。有『歐洲漢學泰斗』之稱的法國漢學家沙畹（Edouard Chavannes，一八六五～一九一八），在其一九〇三年著作的《西突厥史料》中提出『絲路有海陸兩道』，蘊涵了海上絲綢之路最初提法。迄今發現最早正式提出『海上絲綢之路』一詞的是日本考古學家三杉隆敏，他在一九六七年出版《中國瓷器之旅：探索海上的絲綢之路》中首次使用『海上絲綢之路』一詞；一九七九年三杉隆敏又出版了《海上絲綢之路》一書，其立意和出發點局限在東西方之間的陶瓷貿易與交流史。

二十世紀八十年代以來，在海外交通史研究中，『海上絲綢之路』一詞逐漸成爲中外學術界廣泛接受的概念。根據姚楠等人研究，饒宗頤先生是中國學者中最早提出『海上絲綢之路』的人，他的《海道之絲路與昆侖舶》正式提出『海上絲路』的稱謂。選堂先生評價海上絲綢之路是外交、貿易和文化交流作用的通道。此後，學者馮蔚然在一九七八年編寫的《航運史話》中，也使用了『海上絲綢之路』一詞，此書更多地限於航海活動領域的考察。一九八〇年北京大學陳炎教授提出『海上絲綢之路』研究，并於一九八一年發表《略論海上絲綢之路》一文。他對海上絲綢之路的理解超越以往，且帶有濃厚的愛國主義思想。陳炎教授之後，從事研究海上絲綢之路的學者越來越多，尤其沿海港口城市向聯合國申請海上絲綢之路非物質文化遺産活動，將海上絲綢之路研究推向新高潮。另外，國家把建設『絲綢之路經濟帶』和『二十一世紀海上絲綢之路』作爲對外發展方針，將這一學術課題提升爲國家願景的高度，使海上絲綢之路形成超越學術進入政經層面的熱潮。

與海上絲綢之路學的萬千氣象相對應，海上絲綢之路文獻的整理工作仍顯滯後，遠遠跟不上突飛猛進的研究進展。二〇一八年厦門大學、中山大學等單位聯合發起『海上絲綢之路文獻集成』專案，尚在醖釀當中。我們不揣淺陋，深入調查，廣泛搜集，將有關海上絲綢之路的原始史料文獻和研究文獻，分爲風俗物産、雜史筆記、海防海事、典章檔案等六個類别，彙編成《海上絲綢之路歷史文化叢書》，於二〇二〇年影印出版。此輯面市以來，深受各大圖書館及相關研究者好評。爲讓更多的讀者親近古籍文獻，我們遴選出前編中的菁華，彙編成《海上絲綢之路基本文獻叢書》，以單行本影印出版，以饗讀者，以期爲讀者展現出一幅幅中外經濟文化交流的精美畫卷，爲海上絲綢之路的研究提供歷史借鑒，爲『二十一世紀海上絲綢之路』倡議構想的實踐做好歷史的詮釋和注脚，從而達到『以史爲鑒』『古爲今用』的目的。

凡例

一、本編注重史料的珍稀性，從《海上絲綢之路歷史文化叢書》中遴選出菁華，擬出版數百册單行本。

二、本編所選之文獻，其編纂的年代下限至一九四九年。

三、本編排序無嚴格定式，所選之文獻篇幅以二百餘頁爲宜，以便讀者閱讀使用。

四、本編所選文獻，每種前皆注明版本、著者。

五、本編文獻皆爲影印，原始文本掃描之後經過修復處理，仍存原式，少數文獻由於原始底本欠佳，略有模糊之處，不影響閱讀使用。

六、本編原始底本非一時一地之出版物，原書裝幀、開本多有不同，本書彙編之後，統一爲十六開右翻本。

目録

海國四説（一）

海國四説（一）

耶穌教難入中國説　不分卷

〔清〕梁廷枏　撰

清道光刻本

海國四說序

三代後惟漢元聲威所至視周秦唐宋爲遠然亦止西北關塞而外未聞越葱嶺而訖西壖卽歷代市舶駢集廣閩大率來自東南洲島故自元以前尚不知有西洋諸國明初鄭和返命內臣接踵而往費氏天心紀行吳氏朝貢兩錄出張氏東西洋考繼之而後海西島嶼略有稱名其時舟航

梭織所經復有亞非利駕亦云利未亞地即今之所稱曰第三洲合大浪山迤西別爲一區者也萬歷以後西人遵海遠求荒僻又得亞墨利加之北移人實之旣又沿泝而得其南終更冒險以抵極南生火之地雖不可居而墨瓦臘泥加之名緣是起焉然當利瑪竇之來禮臣據會典但知有西洋瑣里尚未知有大西洋陳氏之錄海國聞

見在我
朝定鼎之初圖繪大地全形猶不越前三方
者蓋明末紀綱失馭無以柔遠貢國日少
聲教不通陳氏採掇之跡厥端有在逮奉
聖化覃敷南洋開禁重譯旅來敂關受廛如遊
闤戸八市之有合省國即新閼亞墨利加
之曠野而若荷蘭若咈囒西若噗咭唎若
喘若嗹則統逮於西洋其始皆因貢得市

後則凡其種類與其屬國並得以有易無
二百年來所以沾濡美利涵泳
皇仁者可謂極深誠渥浹髓淪肌矣諸國之始至
也荷蘭以助勦海逆貢市最先而意大理
亞次之博爾都噶爾雅又次之暎咭唎又
次之暎咭唎雖奉冠帶稍後而貢獻頻數
一時恭順實出忱誠未嘗以其使臣之失
儀辱命而盡絶之也夫西國之風氣惟利

是圖君民每聚貲合財計較錙銖之末跋涉數萬里累月經年曾不憚其險遠來市雖眾卒貿易工技者流習狃夷風方自以稅重貨多日持市道之見與爲窺測大體所在開喻原難故從來馭夷之方惟事羈縻養欲給求開誠相與毋啓以隙而挑以衅是卽千古懷柔之善術蓋其人生長荒裔去中國遠不覩聖帝明王脩齊治平之

道不聞詩書禮樂淑身範世之理所得内
地書籍出於市商之手徒求值賤罔裨貫
通更畏剞劂購求忙雜又飄棲異域必無
淹博紳賢古義遂精豈通解証彼縱堅心
求學而擇師乏術從入迷途薄涉淺嘗望
一漏萬無足以生其悦服啓其機緘夫是
以始終壘守舊行之教遞相傳述輾轉附
益不知所考則信奉愈堅不知所疑則觸

發無自意五口通商之後固專於牟利亦樂於行教信教之心愈篤斯傳教之意愈殷傳欲其廣信欲其速於是動以語言勸以文字誘以禍福凡可以聳人聞聽者將無乎不至議者極其事之所底有慮其中於風俗人心而無如何相與喟然太息者矣雖然無足慮也其爲言也淺淺則不耐人思索雖質至庸常者亦將畧其説存之况

海國四說

聰頴之士乎其爲事也虛虛則徒令人疑惑雖素講因果者猶必空文視之况禮義之俗乎且其教王之種種奇能異蹟姑無論僅從千百年後得諸傳聞就令事事不誣不過中國道流之戲幻彼生長窮荒聖教所不及之地耳濡目染沿遁徵說凡應考筮仕並出於斯里巷常談殆同讀法牢不可破爲怪其然誠使明性道之大原聖

賢之彜訓與夫古今治亂興亡之迹日用
倫常之道不啻居漆室而覩日星濯泥塗
而升軒冕其不思而悔悔而轉轉而棄者
無是人更無是理也夫周孔之道洋施本
迹於傳郵特前此西海之外舟車阻之俟
其從容向化勢已緩矣今則招徠既廣望
光而踵至者未嘗限以工賈之輩邇者
皇上擴天地之仁恩施格外聽其購求典籍延

致中土儒生大地同文兆端於此他日者
設能盡得聖君賢臣孝子悌弟義夫節婦
之見於紀載者有以次第講習牖其愚蒙
引其嚮往將所謂思悔轉棄者直旦暮間
事是蓋聖教普施之漸之有以發其機而
操之劵又安有人心風俗之足害也哉予
以讀禮家居取舊所聞編成四說先詳彼
教之委曲而折衷之以聖道并其所習聞

之說考證焉而明其所出而後其教可聽與方外竝存曰耶穌教難八中國說次舉八市之國之所稱貨多稅重者爲之各臚其風土起滅之由一冠以中國年號自案牘以逮時賢撰著悉以彼所自說誕異者仍而正之而後始末燎如用資聞見曰合省國說曰蘭崙偶說而終之粵道貢國凡貢道之由廣東者紀其年月品物

錫賚筵燕而厚往薄來之義見焉貢道不止粤

東謹就耳目所及不敢濫也粤道不止西

洋附以暹羅諸國從其同也即稱臣納賚

之故可共曉然於

天朝厚澤煦育已深不特思義顧名群安無事

抑更沾濡聖學勉作異域循良之民則

聖代聲教夫豈漢唐以下比哉區區之懷如是

而已不日記而日說者以中國人述外國

事稱名自有體制且非足跡之所及安知其信固不敢援李思聰之百夷傳侯繼高之日本風土記爲例也編成輒序其大凡於簡端

道光丙午年正月梁廷枏自序

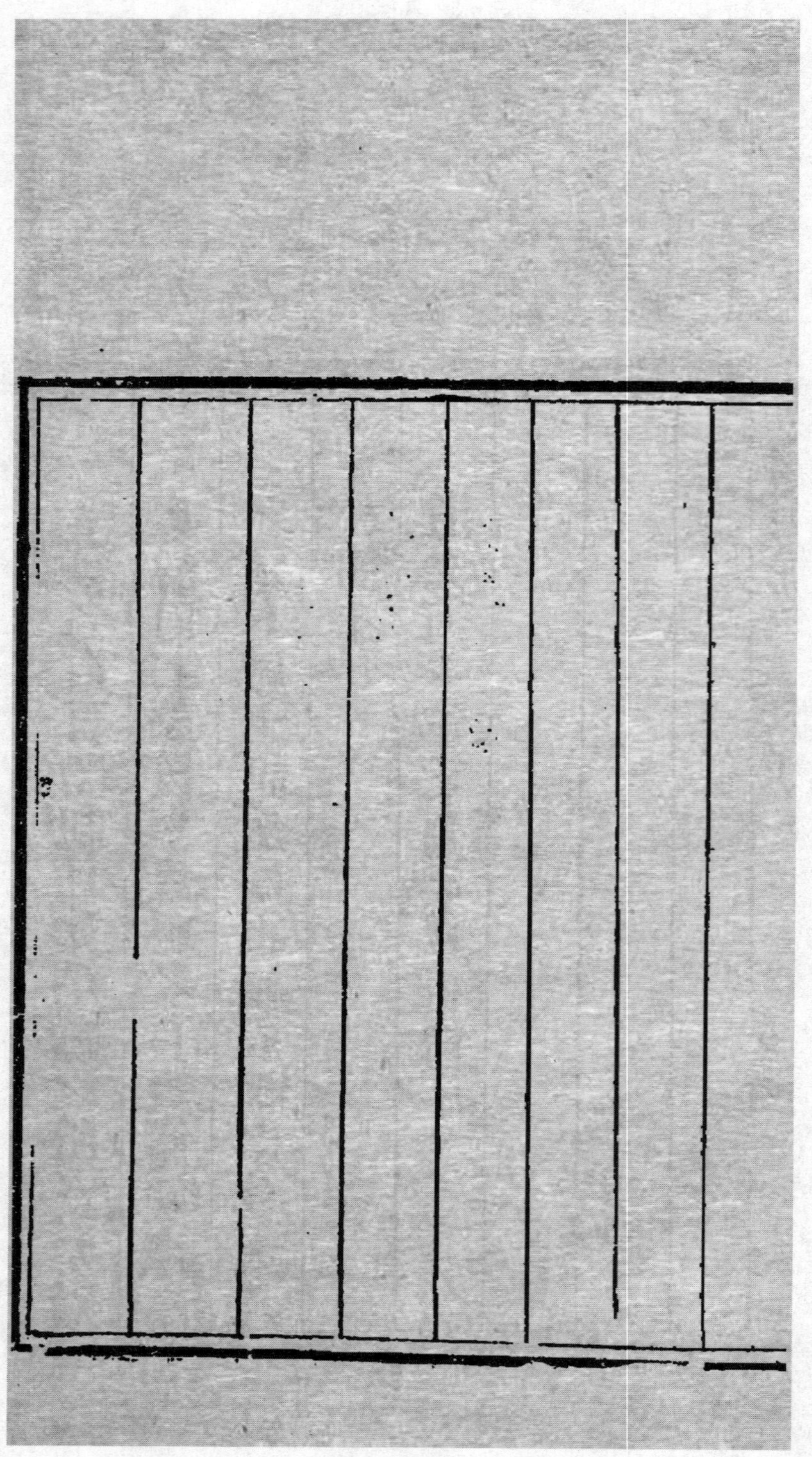

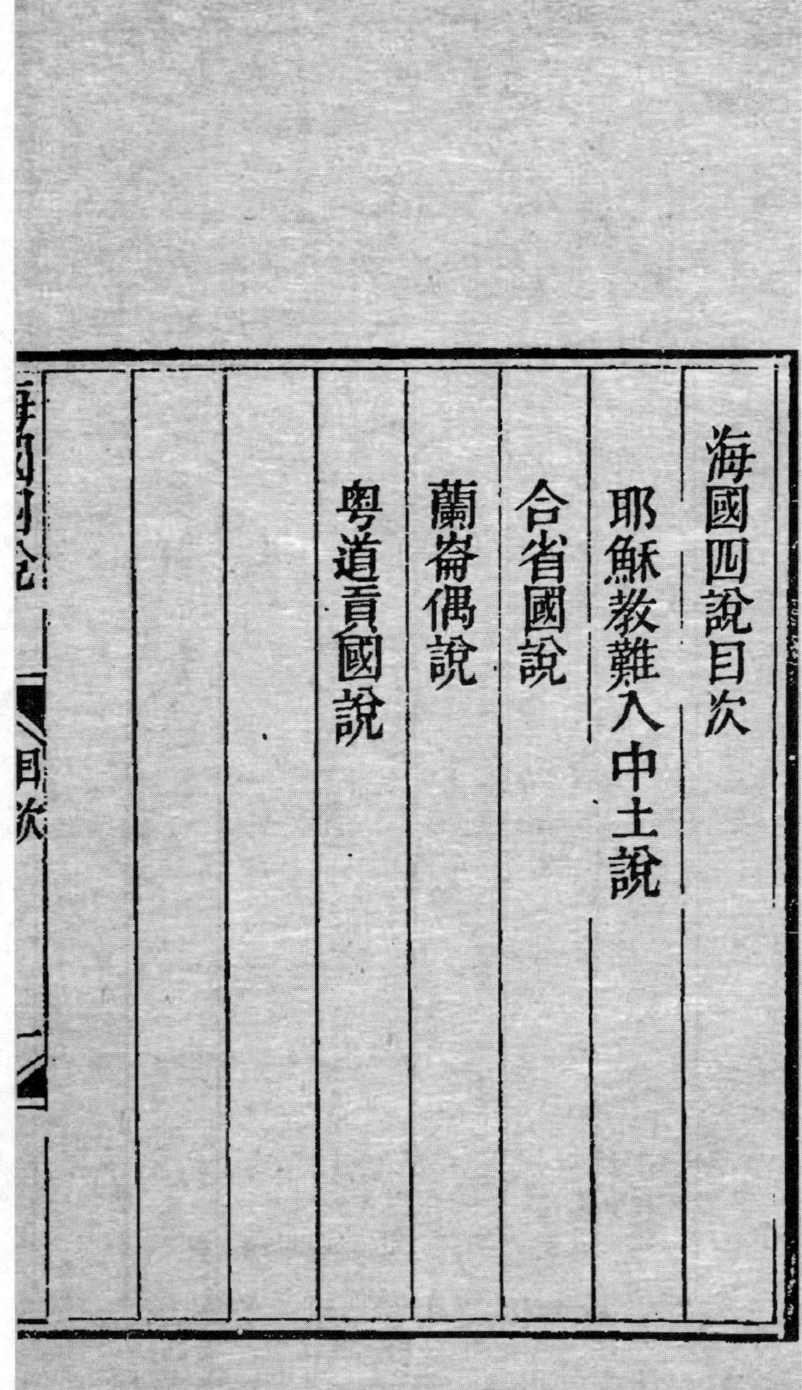

海國四說目次

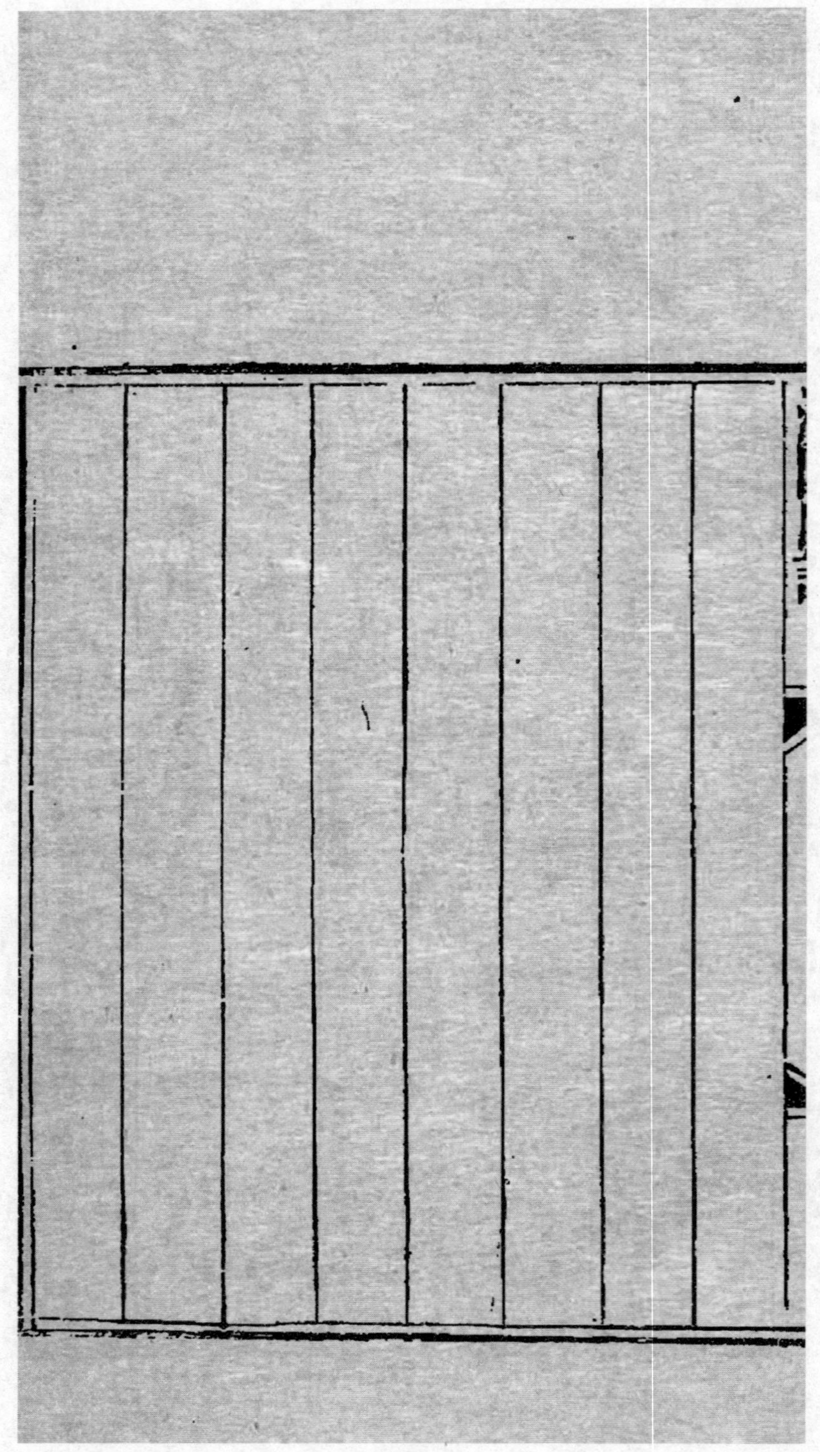

耶穌教難
入中國說

序

耶穌得以其教行於所近諸國久矣領其教曰鐸德者四布徒衆遞爲勸引往往不遺餘力非若　中國聖人之在宥羣生聞風自起也是故先之以言不入則資之以利不入則竟刼之以威上好下甚下好上從何怪乎一方百十國之靡然向風影隨而響應哉漢代去秦火未遠遺編日少故老漸凋雖在中朝猶將曲學爭鳴方

且見異思遷遠求佛書於天竺矧僻陋在夷之俗又安識聖帝明王文物聲名之別有所在榛狉蒙昧第率其好爭喜殺互爲雄長之常民生日袵席於鋒鏑死亡中物穉而未得所養也迨歧而罔識所歸也一旦而耶穌生於其間創爲一說開其地從來之所未有復與其門徒弟子各厲其果敢堅忍之志強辯重贅之舌鼓力協心罔憚車航險遠閉關以遊於四國家爲之喻

戸爲之曉不啻木鐸之徇道路焉而其爲說也則又專舉人人所必敬共敬之天體使返思而尊崇之確指人人欲識未識之天心爲鑿空而顯釋之斯固有以取諸其人之意中而出諸其人之意外矣其立爲科條也則又寬之以倫常日用而畧限之以持齋戒殺樂行所易自不畏所難矣習之以地獄天堂而卽終之以審判復活因以其常自推信其變矣淺之以啓其可從

又歆之以使其必從而且更惕之使其不得不從而適當聲教未訖之時爭殺相衡之會機觸必動勢在必轉夫是以趨之若鶩一發不可復遏以迄於今也然吾固嘗深思其教之所從出與夫所以得行之故蓋有疑而未安者焉夫持齋戒殺佛氏之宗旨也西北酋長素詡仇戮不如是則民無噍類矣天堂地獄佛氏所借以勸善而戒惡者也神道設教過鑿反誣故輪迴受

生儒門不道然今之喇嘛以化身而轉世者蓋
有之矣耶穌生佛涅槃二千餘年後宗旨與釋
氏畧相等其撰遺經書意質語淺聖母經目似
本救度佛母經爲胚胎而佛說諸經多以奉持
效驗爲文辭今其教之所謂信經十字經者立
意亦猶是耳豈天厭殺亂別增一教於西海窮
陬使相爲表裏乎顧何以入主出奴各不相下
也回教肇始謨罕驀德所稱幼而神異能自造

經典敬天禮拜者八思巴七歲誦經數十萬言其徒能吐火吞刀其教許娶妻生子與耶穌之生有異質善諸幻術男婦皆可入教者何適相似耶宗喀巴經之言達賴班禪轉生期以六世與耶穌教所引古經預書其降世救人奇蹟者又何適相似耶三者皆後於耶穌豈其事其說偶若轍合耶抑耶穌雖生漢代其書實晚出行世後起者特即三者之前事彙託之一人以自

相誇大耶不然胡爲乎信之者目覩轉不若耳聞之多也不然胡爲乎受刑在建武八年月果東行示變而漢志乃竟從缺也姑無論西邦自爲文獻紀載所在牴牾無足深辨也就令變水爲酒叱風遏浪一切皆實有之要不過師巫一時戲幻之術正佛氏之所謂下乘者中土如葉法善冷謙輩皆所優爲卽死去旋活當亦與尸解無異其人殆不可勝計然在當時止自證其

道自成其仙初未聞有普招庸衆奉爲教主之事而一耶穌乃令人震驚若此信乎少所見者之多所怪而教之傳否必視夫所傳之地爲幸不幸矣凡皆不能無疑於吾心者也且伊古以來論盛德大業至五帝三王止矣頌揚五帝三王之德業縱極其推崇亦至稱曰開天曰繼天曰則天配天止矣以雜教言如墨德墨克固慈嶺以西所最信服者也顧羣稱之曰天使以爲

無以復加矣今耶穌明明與人同生死乃旣名以天主之尊更實以分天之體與援神契之稱太山爲天帝孫博物志之稱帝二女居洞庭異矣嗚呼其稱名亦甚矣天分其體禮拜謂何非所謂日戴而忘其高耶夫以是而行善求福亦善其所善矣此尤不能安於吾心者也自來知命者不立巖墻故明哲爲保身之要耶穌以一介編氓處父母之邦日以行法聳動於人國招

時所忌不得其死使其先能知幾當不至是今取其所爲而懸揣之旣慮人疑行教之不免教將緣是中止也於是設爲捨死救人之説因以死後復活者明其生有自來歿有所爲則雖横死而不足生向教者之悔矣又慮人疑篤守教而乏近報勢必久而思去也於是設爲復活審判之説先以茫無定期者使之預爲其地益固其心則雖遲久而不足以絶入教者之望矣所

謂語切則易從勢在則易轉者其故如此自明綱失馭而後利瑪竇龍華民艾儒略諸人相率踵至粗習中土文字加以儒流爲之潤飾宮中亦燬所奉佛像而偏崇之南都則傾信者以數萬計蓋禮教刑政失於上奇衺跛僻興於下而樞紐之交又在易七日之拜爲朔望隨俗所便故說驟得行

皇朝正學昌明風俗醇厚乾隆間閩粵之相傳

習者偶有一二無業游民利其貲用實則陽奉而陰違之自是之後已絕根株邊壖數十年來胥忘其事無所用其操切近日廣亍通商市地既廣行教者涉險遠來然自求厥福不爲民害如聽其自存一教亦昭柔遠之義爰撰爲此編以告我中華之欲悉其源流巔末者夫飲水而先得中泠卓錫之味有同嗜也鹹鹵在前則止之而毋庸止矣相馬而先得超踔騰越之才有

同愛也駑駘在前則舍之而毋庸舍矣彼懸空預擬善其所善之談今雖盛行西國倘他時聖教所被識見日開必將有辨江心之味思冀北之羣者機勢所在不劵而符況生際文治精華雲漢昭回之盛如聖朝今日者哉

道光二十有四年甲辰十一月朔梁廷枏自序

耶穌教難入中國說

廣東澄海縣訓導順德梁廷枏撰

總論彼教必將爲聖道所化是作說之緣起

夫人抱其一說非其所甚便且安則見有更便安於是者可以浸而移之何也彼固先其一可移之勢而移之者乃會逢其適也今日耶穌之教在西海諸國推行日廣有舍舊所從佛氏而信之奉之者矣然非徒恃耶穌之徒之果足以招之也佛之爲教也空空則惝恍無憑使人并

其父母妻子而棄之於人匪便則其先已不安於心非如中士堯舜禹湯文武周公孔子之道之本乎人情入人至深而不可拔者此特無所以啓其端遂相沿不改耳一旦耶穌之徒舉人人日戴之天勸人尊而事之其爲事較實從其敎者問心亦較安而審判復活之說又與世俗樂生畏死免禍求福之心適有以相入而且爲期無定一時難露其隙事匪難行而死有餘望

於是因利乘便去如轉環矣夫以堯舜禹湯文武周公孔子之道治孝弟親長之天下視耶穌之所云人死而復活於將來之一旦者其虛實相去何如使信耶穌之教之人得盡讀其書暢明其義必將有較西海諸國之不安於佛教抑又甚焉者今日者其轉環一大機關也而彼顧方欲以其教遍中外而行之則亦未明乎勢之所在之有以驗於後日而兆於幾先耳是不可

以無說按（此下溯彼教之源）天堂地獄之說似與佛氏六道輪迴之旨不謀而合然泰西人守耶穌教者輒指斥佛法爲異端謂漢明帝時耶穌道已先行天竺國爲其人所誤聽誤傳致亂其眞從此乃造出佛教一端適明帝不知其故使往求書幷其徒挈入中國因而中國人亦浸被其惑摶土刻木圖其像而崇奉之以迄於今且謂明帝爲人父而崇無父之教居君位而容不臣之人其所以

詆訶佛法以爲土木皆人手作之物如羅漢菩薩者乞靈無益雖僅指其設像之粗迹者以爲言然觀其與佛相讐眞若有痛深惡絶各主門戶相持不下者其攻擊固已不遺餘力矣故凡尊耶穌者至稱之曰天主其敎亦曰天主敎行其敎者謂之正道謂之善人遵佛法者卽謂之邪敎謂之異端諸國中有先行佛法後變於耶穌者則稱之曰改邪歸正其間亂亡爭戰往往

皆緣於此大抵歐羅巴人之重此教其來雖遠然實始盛於前明嘉靖間前此尚疑信參半也溯天主教之始蓋原於摩西而耶穌後出始則推衍之繼乃漸變之（語詳下）摩西既死其子孫乃出所遺書以行於世半傳於亞細亞洲之西希伯國半傳於歐羅巴洲之東希臘國合而全之謂之古經亦曰古遺詔書謂摩西得天之默示所言自夏訖漢皆耶穌未生以前時事其曰新

經亦曰新遺詔書者謂如大民遷復本國時師士再得天啓之語預指耶穌救世之事兩者並尊之曰聖書曰眞經其摩西後耶穌前諸信奉者所纂兩詔之意則謂之經錄所傳洪荒以前事曰歷史其紀載耶穌之說者曰寶訓曰嘉音耶穌之徒加馬太馬可路加若翰四人各有專書馬太述古聖所預言而舉耶穌之蹟以爲驗馬可多傳奇蹟兩人又互有詳畧路加每詳舉

耶穌言論若翰則揣述他日耶穌降世審判時之情狀此數書者皆意主傳教統謂之福音自明季以後西士如利瑪竇艾儒納龍華民費奇規輩並通中西文字其所撰著如四字經如諸經解會中規約之屬最多不可枚舉歐羅巴諸國中凡設學教人所傳所習一以諸編爲牖聰明立性命廣教化之極則所云聖書者今不可得詳無由盡知其體例惟近日如泰西之英吉

利亞墨理加之合衆國並喜購內地書籍延中土人至彼教以漢字漢語能畧識中土文義繙譯而出所刻傳書籍每援引是書詞未暢達又從譯轉益易淺俚僅可會意而得之所引聖書有小註稱見詩書第一百零十五詩者以是推之則其體例似亦分門別類云詩書者當是門類之目也歐羅巴人嘗盛稱周康王時有大辟王者作咏聖詩垂後又稱穆王時希臘國人馬

和所作之推論列國詩及　國朝順治間英吉利國人米里屯所作之論始祖駐樂園事詩並推爲詩中之冠據此則西人亦尚吟咏所云詩固不自聖書始矣（按新聞紙有律詩格韻一如內地法）原耶穌設

此下推行

敎之意

敎意在背天下萬國而遵行之故信之者必遞相傳引日以廣行其敎爲事年來泰西所月行之新聞紙譯出傳入內地固半屬勸人持敎邀福近復有習讀中土書者自刻其所得聖書中

要旨詮繹而序行之遣人於粤東會城市集之地挨戶遺送其自序稱幼學師訓於眞經奥義頗覺通曉深悉聖書情理眞確知　中國人向未得聞是以不遠數萬里重洋至此學　中國語言文詞意在傳道奈例禁嚴不能入內地茲擇聖書最要數款刻之云云今就予所見西國書及所傳送書之援引聖書者并耶穌教原遺諸書各撮其大意爲之條理其說而薈萃纚晰

著之於後而後再加以論斷俾知其教之難行於此地以爲他年符券焉此下詳列彼教之說所謂先引後論得其曲折乃足服之也其說以爲未有天地先有天主天主卽天道之主宰天地人物之所從生故爲人之大父母其初始造物之功凡六日而備具第一日生最高之天西洋人陽瑪諾撰天問畧自序稱第十二重不動之天爲諸聖之所居天堂之所在奉天主者乃得升之欽定四庫全書總目提要謂其歆動下愚欲借推測之有驗以證天堂之不誣無數天神共經緯九萬里之地地有四大穴一曰永苦二曰

煉獄三曰孩所四曰靈薄郇古聖之所並爲地獄永苦者人犯大罪不知痛悔而死則罰入於此與魔鬼同受蟲咬火燒之苦不可復生靈魂無形而地獄中別有火可以燒之譬如胃火可燒化禽獸血肉而不可化人肝腸樟腦火於水中燃之益熾地獄火亦然非凡火也又別有一種毒蟲蛇專能食人之靈魂者煉獄者信敎之人悔罪而未能以善全補故以獄火煉淨其罪然後使升於天堂也孩所則幼殤之有原罪而無本罪者居之人有原罪本罪之不同說見後靈薄者凡

古聖已死宜升天然必俟耶穌補贖人罪其功完滿日乃得挈之而升故咸集於此以待之也第二日生九重天土接水水接氣氣接火火接天謂之四元西洋利瑪竇撰乾坤體義以水火土氣爲四大元此則據四字經不知其所出也欽定四庫全書總目提要謂此與佛經同佛經所稱地水風火地卽土風卽氣也天包乎地地四面可居自地而仰望者皆氣也第三日生山海草木五穀第四日生日月星辰第五日生水族羽族第六日生毛族百獸

第七日造物已畢帝亦自是安息天主敎七日一安息行瞻禮不工作然後摶土作人由是配合生育凡人血肉之體生於父母而靈魂則賦於天主魂在身則生離則死身雖死而魂長存有始無終故謂天主爲天地萬物之本其體爲獨神無形與聲自有萬萬美善萬萬榮福論性則有一無二而其位則分之爲三焉一曰罷德勒華言父也二曰費畧華言子也三曰斯彼利多三多斯彼利多華言神也三多華言聖也合之

謂神聖也亦稱神聖風謂凡人新信入教皆此風感之皆為天主第一位罷德勒於無始之時生第二位費畧明照自己本性遂生本性之像如鏡中能照本身也故罷德勒為父而費畧為子卽耶穌也兩者又彼此相愛而發斯彼利多三多是為第三位天主如日有輪有光輪能生光輪與光合而發暖熱三者如日之分合也所謂相愛而發其譬如此三位無前後無大小統尊之曰天主而已自開天二千四百五十餘年西人古今紀事錄云自開天至天與摩西諭飭世人時世有二千五百十四年其諸說參差多類此

忘聖教天乃令聖每瑟下降造古經使人爲善復至一千五百五十年聖每瑟之古經又亡故第二位天主耶穌緣是降生救世耶穌之遠派（此即明史所引六千年史書在其國者）則直自有人類以來一一可次其世代而追溯焉其始也地本空曠無物水漲地面上帝浮水面以造萬有隨賜人以形如帝之像以地塵甄陶之吸活氣於其鼻而賦之以靈魂合海之魚空之鳥田之獸土之蟲凡生生之類人盡得而

有之物之各有一名皆自人呼之遂以爲定者也東方有樂園者川水流其中木之良楛美惡咸植焉使所造之人守之以無偶不可廣生也爰伺其睡損彼肉而益於此令相配偶葢女從男出祝之曰其必蕃滋至滿大地是即天下人人之始祖也男名亞大麥即亞坶譯言土也以土而生也女名依活譯言活也萬人所賴以活者也一云男名亞當女名厄襪爲人類之宗見解信經問答註當奉帝命同

居樂園時戒勿食園中所樹木實謂食則必死當時園中並造百類惟蛇屬最狡獪欲紿女違帝戒遂勸以能食木實則兩目清明可以辨物善惡如神天然女旣垂涎果實之味聞言遽採食之並分食其夫兩人者果一時並能開目見物覺己裸裎可羞亟編木葉自蔽其體時氣候正涼上帝方來遊於園夫婦自知違戒罪匿影林中帝呼其夫曰若安在應曰在此胡不出曰

聞帝至恐露體得罪不敢見帝詰之曰誰告汝以露體者且我誡汝勿食果實其食之否答曰婦實使我食之帝詰婦婦曰蛇實誘我食之帝謂蛇當令汝受咒詛過於他物行必以腹終其生食塵土汝類世與女子爲仇女子亦見必仇汝又謂女當令汝孕育艱苦且必恒愛戀其夫而夫每嚴密閑汝又謂夫當令汝自食其力勞苦終身但以田所生草爲養必泥塗手足而後

得食因汝始以塵賦生故令死仍歸塵土夫婦於是愧赧逃去蓋人之初生其心本善迨變而之惡沾染物欲遂羅罪網今之夫勞苦而婦難產實受天罰而忌嫉煽惑致人於災禍如蛇者禍人適以自禍也夫婦旣以違戒被擯樂園又別設神守不復可入乃棲止別地以永生育生二子長曰設是爲第二世業農少爲牧感神天恩各以其業所出者祭帝而供之帝不享其兄

之祀而歆其弟之犧牲兄愧甚遷恨其弟欲殺之神天早知其意輙問以弟所在答曰我豈弟之護身耶帝因力戒兄勿含蓄仇怨因詛令飄零四海葢謂後世凡浮踪浪跡於他鄉者皆不友於弟所受罰也天下五大洲夫婦實生亞細亞洲之西方其裔乃遍中外生息日漸蕃滋年亦極壽自六百以至九百有餘歲散處九垓民物雖較昌盛而人世之惡與日俱生天於是造

爲律條凡禽獸鱗介蟲魚悉聽人用且食之惟人爲同類其受形賜自上帝一有仇殺是傷同類而壞帝像也故首戒殺人又凡一夫一婦自爲匹配有以一身而娶至二三女子者及蓄養奴僕役使其同類如犬豕者祀土木神偶致敬天不專者皆爲背律神天則罰之而凡誠志尊崇上帝不僞不二者則福之耶穌教有妻無妾無奴婢禮拜外不祀他神每勸人棄土木偶意皆本此設生以挪士爲第三世以挪

士生該南爲第四世該南生馬利列爲第五世
馬利列生雅烈爲第六世雅烈生以諾一云以諾華
爲第七世以諾能嚴遵天律奉祀最虔帝悅其
謹愿提之升於天堂使永存不死生米土撒拉
爲第八世米土撒拉生拉滅爲第九世拉滅生
挪亞爲第十世卽諾厄譯音異也當洪水之先人多爲
惡犯天怒將大懲創之念諾厄不可與其難乃
命預製一櫝一云命爲一舟中爲三重置己及三子三

子婦於中諸用物悉備於是大發洪水四十日殄滅人物水退諾厄父子復得居陸地三子長名閃次名哈麥一云長名生次名岡三名雅彿德後子孫分居天下諸大洲居亞細亞洲者生之後也利未亞岡之後也歐羅巴雅彿德之後也三人之裔遍於諸國蕃庶之餘慨念先世溺於洪水輒惴惴恐復丁其患相勉共守神天禁律毋稍違犯上帝憐之於是與其人約自今以往不復再

生洪水使百姓得永免災害因設一虹蜺於雲端每收雨即出以爲識別無論霖雨盛霆人望見虹蜺即知上帝示人以晴霽不畏積水泛溢羣藉欣慰矣洪水後百年挪亞子孫尚居亞細亞之西家旣相近口音尚能畫一慮諸族將日益分衍不能不散處四方欲建一墖高與雲齊使散處後得望之以爲準的上帝不悅故令其人各殊其土語令彼此語音不通則難以聚謀

壇無從建於是及半而廢已四千四十有四年於茲矣紀事錄云自開天地至二千八百零五年人作事不合天打亂其口音至今共四千四十四年蓋謂自開天地至今計五千八百四十八年既無據證諸書亦復參差說詳後由茲而後人自爲族各遷地以居惟亞細亞洲則漢人猶守其故土焉閃爲十一世生亞法撒按亞法撒似卽雅彿德之異音而世次不同其不便考證多類此爲十二世亞法撒生該南爲十三世該南生撒拉爲十四世撒拉生以伯耳爲十五世以伯耳生比列爲十

六世比列生流爲十七世流生西鹿爲十八世西鹿生拿鶴爲十九世拿鶴生提喇爲二十世提喇生亞伯拉罕爲二十一世行事亦能凛遵帝命年已百歲其妻撒喇已絶孕帝許以有子後果生一子曰以撒革爲二十二世帝欲試之俟其祭使以子爲祭品亞伯拉罕欣順帝旨挈以撒革登山將殺而舉祭以撒革不知已之將殺也問祭何不備犧牲父答以帝已有所命

之矣語次方欲操刄帝急止之曰勿害爾子爾雖獨子尙知捨以敬我洵可嘉尙當增爾苗裔使如天之星宿海之沙塵且使爾後戰則勝敵而伯必服仲亞伯拉罕受命率其子還求積善之家之女曰哩別迦者爲之婦奉亞伯拉罕壽至百七十五而終以撒革生二子次爲耶哥伯爲二十三世不能和其兄逃於遠方事其叔爲僕爲之牧養生畜長娶二妻生十有二子少者

名約弗色爲二十四世溺愛於父衣以美衣諸兄潛嫉之會約弗色夢與兄收穫先已後兄兄亦力爲之斂也已復夢太陽太陰并十一星伏而拜己具告諸兄兄怒曰然則我將事爾乎自是恨益甚約弗色偶以父命出場視諸兄牧羊兄觸前忿謀殺之懼後禍乃相與禁於山穴俟商販者過鬻以爲奴取他血塗弟衣歸告父謂弟爲獸食父雖痛傷終意上帝所命無如何也

商挐約弗色轉鬻於麥西國麥西即埃及多國亦即厄日多譯音異也主者才之使理家務輒能盡力所事主益喜主婦故淫蕩將招與歡約弗色畏帝律不敢萌慾念一日主他出獨遇於閨主母復逼之約弗色逃避遺其下衣婦羞極成怒夫還則以僕戲己愬且出遺衣實之主不能察遽禁約弗色於獄司獄者察其無辜令權司獄事先是同禁二人並官侍御而被罪者獄中各感夢莫能自解

約弗色爲占之得一吉一凶未幾一人復官一被戮占盡驗至是麥西國王亦得異夢索解無當意者侍御乃薦使試占焉謂兆宜先豐後荒勸王多積穀備凶歲王從之命主倉廩麥西地無雨雹藉泥祿河泛潤田土苗隨長穀產甚豐時四方大旱卽商湯未禱桑林得雨前也諸國粟盡麥西以餘糧濟之存活甚衆庫藏亦驟充盈於是王賢約弗色立以爲相約弗色旣貴會

其父使諸兄至麥西告羅相見各悔罪約弗色不之校盡從其屬七十人來居焉麥西初名麥西喇音創自虞舜時其君爲挪阿之孫後阿細曼塔喇嗣當夏時從其都居南方地舊崇陰陽奉牛犬猫豺鱷鷹爲神祭日牛前焚香自約弗色必敬上帝雖被囚非其罪而未嘗稍形怨懟卒蒙帝祐由僕隸升於顯位如此約色弗亦名猶大娶大馬氏生法哩士一云撒拉爲二十五世法

哩士生以士崙爲二十六世以士崙生亞蘭爲二十七世亞蘭生亞米拿撻爲二十八世亞米拿撻生拿遜爲二十九世拿遜生撒門爲三十世娶拉合氏生破亞斯爲三十一世娶路得氏生阿別爲三十二世阿別生耶西爲三十三世耶西生大辟王一云大五得王爲三十四世大辟王當周康王三年攻服蠻族驅之出以其地之耶路撒冷爲都即耶穌被執之地民歸之文風蔚起王實號

文魁撰聖詩讚詠上帝且立禮儀崇拜焉乃矢志建殿堂上帝遣聖神傳諭禁之曰王曾以戰鬪染惡習不可妄建堂殿時鄰國新喪王遣使賀嗣君卽位嗣君不道拘其使大辟王命將伐之師既出而王畱偶窺見沐浴女子有豔色遂召而淫焉已受孕侍臣有言其夫爲營兵方在陣者王立召還令仍歸與妻處其夫恥之不從竟露宿終夕次日趨返營王密諭其帥派於前

鋒旋戰死王聞喜甚即置婦於宮掖生子猶日宣淫不已上帝震怒謂其罪甚重律無可逭時有聖神奉帝命見王設諭曰今有兩人同居一邑一人富有畜牧其一貧止養一羔愛之甚食以其子之食而飲以自奉之器也會富者忽饗遠客具饌乃自惜己畜而奪貧者之獨羔王以爲何如王曰誅之耳聖神曰王即其人也王宮妾不可勝數乃以勢而強奪他人之婦玩視帝

律他日王宮妾亦爲人淫新產子且亡不可救矣王大悔飲泣茹齋獨宿禱天求垂憫未幾新產子果殤時朝綱紊亂世子以淫汚其外妹之故畏罪逃出旋矢悔王宥之復旋都遂結黨逐王王跣足奔勤王師與世子戰殺之得復辟蓋上帝赦而脫其厄也旣而復萌驕侈下令編民戶籍其臣力諫不從編戶計得壯民百三十萬猝遘疫癘王又悔罪祈天除禍帝復矜而赦之

在四十年及老常病寒以處女同衾溫焉彌畱之際遺囑謂儲君瑣羅門曰速遵上帝正律毋自陷邪行以蹈罪惡倘崇拜誠敬則奕世咸休言訖而瞑葢觀王之始終可知犯罪者能痛悔終邀上帝垂憫也瑣羅門（一云拿單）出於大辟繼妻本烏嘿亞之婦者爲三十五世生羅被暗（一云馬大太）爲三十六世羅被暗生亞庇亞（一云買南）爲三十七世亞庇亞生亞撒（一云米利亞）爲三十八世亞撒

生耶河沙法（一云以利亞金）爲三十九世耶河沙法生約蘭（一云約南）爲四十世約蘭生烏西亞（一云約色弗西國往往祖孫父子同名者必有一號別之耶穌父約色弗固與祖同卽母馬利亞當其時亦多同之）者爲四十一世烏西亞生約淡（一云猶大）爲四十二世約淡生亞哈斯（一云西面）爲四十三世亞哈斯生希洗家（一云利未）爲四十四世希洗家生馬拿西（一云馬達）爲四十五世馬拿西生啞們（一云約琳）爲四十六世啞們生約西亞（一云以利以設）爲四十七世約西亞

生耶哥尼亞（一云約西）爲四十八世遷居巴別倫地耶哥尼亞生撒拉帖（一云耳）爲四十九世撒拉帖生瑣羅巴別（一云耳摩但）爲五十世瑣羅巴別生亞庇欲（一云歌三）爲五十一世亞庇欲生以利亞金（一云亞底）爲五十二世以利亞金生亞槼（一云麥基）爲五十三世亞槼生撒督（一云尼哩）爲五十四世撒督生亞金（一云撒拉帖）爲五十五世亞金生以律（一云瑣羅巴別）爲五十六世以律生以利亞薩（一云哩撒）爲五十七世

以利亞薩生馬但一云亞拿約為五十八世馬但生耶哥伯一云猶大為五十九世耶哥伯生約色弗耶穌祖父名並與以撒之子及孫兩世重同不可解約色弗一云若翰一作若瑟為六十世約色弗生耶穌蓋始生人類者亞坍之六十一世孫也路加福音約色弗後尚有西米至約色弗凡十六世以行論要畧傳證之云自亞伯拉罕至耶穌四十二代則路加所增者無著矣今據馬太福音自亞伯拉罕歷十四世為如大國之大辟王在周武王時一云大辟王以周康王三年嗣位由武王代紂之年至康王三年已閱四十八年矣今姑各按

各書敘之此據行論要畧又歷十四世至耶哥尼亞在周簡王時再歷十四世而至耶穌則爲亞伯拉罕之四十二世孫也按行論要畧稱亞伯拉罕在夏芒王在位之年今由夏后芒元歲推至周康王三年己閱九百四十九年即至武王十三年代商亦九百又六年而自康王三年推至簡王元年止四百九十二年是亞伯拉罕至大辟之十四世其年幾倍於大辟後至耶哥尼亞之十四世矣即自周簡王至漢哀帝二年耶穌生中閱七百八十五年是耶穌以上之十四世亦視亞伯拉罕以下之十四世長短相懸動以數百年情事亦不可解帝之愛此言彼敘之始摩西若翰賓先之亞伯拉罕也實以諸厄齊久忘帝恩而奉事菩

薩緣是擇而取之與結約如大俗每立契約奉事從摩西者爲舊約耶穌者爲新約載之者名其器曰約箱設爲割損之禮是爲夏后芒在位之年以地中海東隅距　中國西向萬有餘里後稱如大今爲以至比多國者賜亞氏後使居之正當商湯禱旱時也按自夏后芒元歲推至商王湯二十有八祀以大旱禱桑林之年相去凡二百五十四年去亞伯拉罕之受天眷乃遠甚既而以至比多王虐遇其民下令民棄所生男有摩西者亦亞氏裔生有神容三日棄諸河濱一

貴人見之撫以爲子及長每念其宗族既苦王虐輙爲兄弟手刄怨家又以勸止爭鬬故爲鬬者所斥辱於是率民出其國時亞氏子孫已六十萬人矣摩西既出則爲旅於米田之地生二子居於曠野凡四十年商祖辛之十有四祀按紀事錄云自開天地至天與摩西在西乃山論世十誡時二千五百十四年自摩西後至今三千三百三十五年書作於道光甲辰逆推即祖辛時矣摩西在西乃山上見雷電霹靂烟焰滿山天神聖每瑟以帝命諸書竟冇

云上帝親臨者諭以十誡書於山後兩石其前四誡屬
天事者爲一石一曰惟事天不可祀別神二曰
凡日月星及人獸昆蟲鱗介之像皆不可造而
拜之三曰不可用眞神聖名四曰安息日以聖
潔守之前六日眞神造化天地海山凡在其日
內者可勞力工藝惟第七日眞神安息不可作
工後六誡屬人事者別爲一石一曰孝敬父母
二曰毋殺人三曰毋犯姦四曰毋偷竊五曰毋

妄證六曰毋貪想他人財物妻女屋宇僕婢牲口摩西旣得此十誡又自爲聖書以勸其國人人皆守而信之謂之神天律例創造殿堂以祀上帝堂有主其祀事者前堂曰聖所祭司守之後堂曰至聖所惟祭主乃得入其下有書士有長老七日一聚拜拜日卽不事工作取牛羊血調水以紅緜及牛藤草灑而書之以示清淨謂之契約之血契約卽亞伯拉罕所結之約以奉事者謂灑血則罪

得赦也又設敎師以所傳天律教民初入堂祀必以水潔其額曰領洗其以油傅胸者曰基督譯言受聖油惟王嗣位得行之民旣咸信摩西於是逐去土番設官如　中國按察司者治其地即後所名如大者是也未幾民復事偶像天乃罰之遂有異族侵服其國如大民悔罪自是復漸強盛迨周室初興時其王自背天律招民怨國遂亂歷三紀而後分國爲二一曰以色耳以

勒曰如大如大之名始此兩國人時自爭戰簡王時爲蠻族所勝如大舊民移於外邦七十年始復還故國師士又得天預示救世主降生於亞氏時方與諸鄰戰自周靈王迄漢元帝年然後如大之王曰希羅得者爲羅馬國所服屬之至哀帝元壽二年庚申而耶穌生按諸書稱哀帝二年生耶穌於如德亞國惟錢氏景教考云生當隋開皇之世與西人所撰行論要畧云生漢孝成帝年並異此據明史如大即耶穌時之猶太國也亦謂之如

德亞耶穌生後數百年幷於亞拉比亞國後西域土番據之名土爾其今則爲以至比多人所據矣地在亞細亞洲之西亞非利加洲陸地之東北長六百餘里廣二百五十里北極出地三十一度至三十三度半東界亞拉比亞國西瀕地中海南界以土買北至王嫩山中分三省西曰加利利所屬有拿撒勒北曰非尼基所屬有撒馬利亞南曰如氐亞城曰耶路撒冷大辟王

所居也所屬有伯利恆其東有約耳但河入死海北有加利利湖耶穌所生則伯利恆郡也時聖書已盛行而守聖書者復各以己意發揮爲聖錄大抵言亞氏後必有受聖油爲基督者歷時既久傳習遂分兩教一曰法利西教一曰撒吐西教於時羣喙雜起論愈離奇故自漢建始元年以來如大人自以亞氏就衰日延頸企足以望其族屬之復創祖業起而得受聖油遂去

敵人而興其本國蓋聖書故預言將有救世基
督者出也華言救者希比利俗謂之耶穌亦謂
之基利斯督或從省曰基督卽所云受油傅聖
經特借此名救世者謂如王之得位救民而解
者相傳遂沿是而誤迨若翰生而後知救世者
在傳教不在得位也颯加利亞為若翰之父娶
以利撒華（諸呼皆彼教語）撒約爾一云名意司教殿堂始終不倦偶於
拜日天神伽伯烈示現謂爾當生子為救世者

之先驅爲之開路而確證焉以利撒革聞卽瘖不能與人語未幾果生子受割損禮後始復能言名其子曰若翰譯言有福寵仁慈也耶穌之母曰馬利亞若亞敬之女也娶婦曰亞納居拿撒勒屬加利利省無子止馬利亞在室許字五得王裔（卽大辟王）約色弗待年未嫁（一云天神默示許配若瑟今據行論要畧及馬太等福音又一作若色弗）若翰母以利撒革卽馬利亞姪女（一云若翰母爲馬利亞中表姊今據行論要畧）年長先嫁孕若

翰時年已老矣而馬利亞方年十四有天神嘉
俾阨爾者報之謂天主費畧選爾爲母將以童
身不感而孕又告以以利撒革亦老得異妊將
來爲爾子證明救世之蹟故馬利亞聞亟至諷
加利亞家訪之會以利撒革孕若翰已六閱月
口不能言其故其腹中兒則已知馬利亞至從
胎躍動聲出自腹言馬利亞今已受胎所產爲
救世天主言已復向稱賀馬利亞聞益自喜留

居三月至若翰生乃還所居從此漸覺懷有胎娠約色弗以聘妻未嫁而孕疑欲休之旋夢如天神言卽娶馬利亞同居如大時己臣屬羅馬國羅馬王曰奧古士都（一云奧斯多）令所屬國民無論男女老幼有僑寓別地者皆親詣其本籍報名約色弗本大辟王族遷居加利利省（一云尼亞利利）拿撒勒邑至是偕其婦馬利亞歸耶路撒冷城寓於旅邸遂生耶穌以客次無隙地裹以常衣

置之馬槽而乳之生時衆星交光天神環衛空中聞樂音故夫婦亦伏而拜之有牧童方守夜見異光羣起遇天神示以故相與跡至兒所拜兒於槽出語人以所見於是喧傳邑境如大王希羅得一云黑落得譯音異也性極猜忌適有賢士三人至自東方見王問曰聞有生爲猶大國王者安在吾等於東識其星應令願得一見也希羅得遽召耶路撒冷祭司與書士議僉言聖錄預載

其事復召三人詢以星應期日亟合往伯利恆驗之時生已八日約色弗已偕婦子歸行古割禮矣生十有三日三人以王命至無導者隨星光遠止所居入見兒遽俯伏行禮出所攜黃金乳香彌臘（即沒藥也一云蘇合）三品獻之（四字經云有三王來朝荅謂鄰國酋長也今據馬太福音）其夕三人同夢神誡使勿復返見希羅得三人遂從他道去如大俗自摩西後凡初生男者獻於天以雙鴿代之生四十日馬利

亞抱之入殿堂祭獻有耆年曰西默及節婦曰亞納者爲國人所敬禮見耶穌至觸古經語爲讚頌不已舉國遂多傳述其事者希羅得既怒三人之戲已又懼古經將驗謀殺之以絕其禍天神以告馬利亞使避於厄日多國即麥西亦稱以至比多乃偕約色弗挈子出走希羅得大索伯利恆凡嬰孩生二年者悉殲焉而終不得耶穌所在厄日多舊俗惟事魔像先是有神曰日勒彌亞

者爲謠語其衆曰童女抱子忽來至此千萬魔像盡成粉虀及耶穌隨父母至衆憶神謠悉毀所奉魔像而別畫母抱子圖供禮焉越七年希羅得死神復告之使返其國乃復隨父母歸如大知希羅得子亞基老士嗣立懼仍不免乃還遷加利利省之拿撒勒居焉（一云納雜勒其俗譯音異也）

凡男子稍長令其歲至所都城殿堂瞻禮耶穌年十二隨父母往行禮畢還至半途失之詢之

同行無知者時行已一日矣乃復入城遍覓三日得諸殿堂方與教師輩辨論謂其母曰吾在父所何覓爲葢殿堂所以祀天帝已隱然謂天爲父矣羅馬既服如大益循天律其民乃多背犯者若翰自垂齡逮三十皆隱村野不與民接既病民俗紛歧乃服駝毛圍皮帶餐螞蚱野蜜出而勸導爲民行領洗以除罪惡民頗信之有問聞救世者已出豈即爾耶若翰曰否其人將

後我至而所能較我超蓋律例自摩西立而眞理則由彼而成也偶領洗約耳但河濱耶穌亦行敎到此而當河適相値欲求若翰爲其行洗若翰辭曰吾將求洗於爾而爾乃求洗於我乎耶穌終領其洗洗甫畢聞若有聲自天來者云此吾愛子也若翰洗耶穌後他處傳敎每直言招人怨忌會如大國王奪其弟非利百之妻以爲婦諸說並云希羅得時事然旣云希羅得欲殺耶穌故避於厄日多七年俟其死而後

歸歸久而後遇若翰行洗若翰之諫又怒若翰
行洗後事豈非矛盾乎其說往往如此
直諫置之獄偶飲其羣下使其婦舞以侑觴娛
客王喜誓如其意而賞之問所欲其婦遽請若
翰之首不得已遂殺之若翰既枉死而耶穌專
行其敎自近而遠矣年三十神引之適野不食
不飲凡四十晝夜饑甚有魔戲之曰若果天之
子何不化石爲餅以自飽乎強掖之登殿堂使
立屋脊上曰盍自投下神必扶爾無傷也既又

攜之登高嶺使之四望戲之曰若拜我當以所見山河爲贈耶穌正拒辨間彗見天神來衛魔遠遁去三十一決意他出行教於外先至加利利海濱有兄弟爲漁者曰彼多羅即西門曰安得路即安得烈一云安得烈買並從之遊復有曰耶哥伯曰約翰耶哥伯本約色弗之父然夷俗祖孫父子往往同名即約翰亦稱若翰一說兄若翰弟雅各伯即耶哥伯蓋譯殊而傳聞又異也亦兄弟同業漁者爲西庇太之子與腓利百皆棄家從之五人既從耶穌

相與入城瞻禮殿門外多商賈市牲畜者壅不可入耶穌以鞭逐之曰若輩何忍以我父之堂爲市哉當是時衆已識其妄矣彼多羅妻母病瘧耶穌按之而愈自是所在求醫者踵相接凡跛者瘠者瞽者治之病頓失偶以安息日爲人治病爲如大人所不容謀殺之耶穌罕譬百端謂若翰不過一燈光耳尚爲衆所信況我行教之功出彼上哉故本地人目覩其蹟而不測其

所言信而復疑之而聲名則已傳播於遠邇矣每過城邑從行者衆不便講說則登山而坐集從者講至終日復爲人所逐避而獲免一日挈弟子渡海將抵革加撒中流颶驟作舟幾覆耶穌方寐弟子懼呼之耶穌叱風風旋息及岸有鬼附二人居荒塚者不使前旁有羣豕耶穌令鬼入諸豕隊豕驟奔突相逐入海溺死牧者走告城中人共出止耶穌勿入其境遂歸鄉里一

官家女已死延耶穌至執其手即活又途遇送葬者其婦哭之哀耶穌憐之止喪車啓視亦活其時法利西教徒尚衆每守其師說與耶穌爭適瞻禮日（即安息日）巡行田壤弟子之從行者饑採禾穗食之法利西徒以爲犯律欲挾以告於官會其日有患癱瘓者來就醫旋痊法利西徒輩愈不平耶穌曉之謂瞻禮日當作善戒惡醫人善事也律何害乎事遂寢而疑謗終未息書士

語耶穌曰彼見醫治靈異猶且不信何不使見天上證驗以折服其心乎耶穌曰彼惡類也我不欲以他靈異示之時已有十二弟子爲彼得羅安得路耶哥伯約翰腓利百五五人同時及門其次第至者曰巴多羅買一云巴耳多羅茂曰多馬一云多馬十曰馬太一云馬賓舊爲關吏捨役入教曰耶哥伯前耶哥伯爲西庇太之子此爲亞勒非之子名同而族異也曰利未一云利此五士姓大氏阿士曰西門彼得羅亦稱西門此爲迦南人曰猶大士

迦掠人此十二人者日與耶穌俱耶穌乃使分行本國以色列人家戒令勿入異邦勿行撒馬亞邑且諭之曰此去人或不信則執爾於官吾臨時使神附爾言其毋畏凡接爾者猶之接我且猶之接所遣我之天也從此十二弟子各遊他鄉耶穌自與其他徒行教方集衆講論其毋偕其兄弟適至或告之曰爾毋兄弟候於門外耶穌曰吾毋爲誰兄弟爲誰凡奉天者皆吾毋吾

兄弟姊妹也既而歸教本邑偶作變水爲酒諸
戲而不甚著其靈蹟人皆疑之耶穌曰聖人類
尊貴惟居本家族則不然此常情也於是又去
而之他所至民隨行者五千人嘗日暮不得食
其徒腓利百五出錢二百治具不足供耶穌乃
以五餅二魚祝而分之人盡果腹斂其餘尚可
實十二筐夜令弟子先登舟遭風耶穌步水面
及船風隨止既渡湖至其尼撒烈地有以當飯

不先濯手爲犯律詰之者耶穌不可與爭棄之往士羅及西頓又渡湖至加利利從之者四千人亦以魚餅飽之至覘立城與弟子私登高山變其容如陽光衣如雪皓視古聖摩西及以利亞咸來見須臾而隱既復語弟子曰我不久當赴耶路撒冷城必爲祭主書士所害然第三日必復活矣彼得羅執手勸勿往耶穌曰此我將流血以救人也凡從我者必克己忍難如欲保

全生命我不救之爲我捐命者我救之衆中有爲我而捨其父母兄弟妻子田宅者吾登天後必十倍償之倘生前富有而死後沉淪地獄將何益哉抵迦百拿翁關吏索稅錢耶穌令彼得羅詣海濱釣取魚先上鈎者口中所啣錢子之如大人素知約色弗爲人傭木工貧困甚而耶穌生又未嘗就學識字且法利西撒吐西兩教之徒並恃舊爲衆信合力攻擊而耶穌又往往

於駮論間語侵其衆於是如大人益憤怒見則以石擊之旣屢謹避之矣然當瞻禮日男婦必咸集每求治病益爲所藉口耶穌根其天堂之說不行於本地而十二宗徒恐不足敷宣佈也遂廣選七十人爲徒再廣之爲百二十人將使普遍天下授其教於異國其信之篤而不在弟子之列者復五百人所謂五百弟兄者是也嘗集徒爲之設喩以明本地人將不得入天國之

故曰某甲爲具延賓賓託故不至甲乃令其僕入市遇殘疾者揖之客筵復延郊野人充賓數葢憾先召之賓不能嘗我一臠也既入耶路撒冷城遇撒吐西徒相與難之曰爾言死後可復活今以摩西傳兄死弟可娶嫂之法推之設弟兄七人以次各娶其故兄之妻矣然則復活之後誰得此妻者耶穌以復活無嫁娶爲解其徒亦終無所據以破之也耶穌所交拉撒路者死

其妹馬耳大遣人來告急往弔之死四日已葬矣耶穌令除墓石出之則已活閭城閧傳不已如大人報教師以耶穌所行事教師曰彼所爲至於能起死人若此他日必爲人所堅信將奪吾職吾教廢吾國亡矣與其祭司書士長老輩謀僉曰死衆人孰與死一人哉兩教之黨亦羣起附和將誘殺拉撒路以杜衆口而祭司殺耶穌之意愈决以居節期恐民因作亂不敢發耶

穌知而潛匿不得其所密購其可與謀者得猶大士即十二弟子之一也賂以三十金相約伺隙爲應時耶穌由伯大尼再入耶路撒冷城使門人設瞻禮宴將食耶穌呼水遍爲弟子濯足曰爾輩皆潔矣獨一人不潔奈何蓋爾中有人將賣我者衆問賣師者誰耶穌曰吾納餅於湯與之者是已隨以湯付猶大士猶大士竟食之席畢猶大士先出耶穌擘餅食其徒曰此吾體

也又酌葡萄酒飲之曰此吾血也自今登天而後復飲食矣與十一人出城相將登橄欖山渡基得崙溪至日色馬尼之園一名碁西馬尼所常遊處也語衆曰我復生必先往加利利彼多羅曰師果死吾願偕生耶穌曰此夜雞未鳴時爾將三言不識我矣於是對天三次祈免弟子咸熟睡耶穌醒之曰時至矣言未已如大士率衆跡至呼曰夫子衆遂就縛之彼多羅揮劍拒祭司之

僕墮其耳耶穌叱令退去取耳合之解於教司一云解之四司徒衆逃逸惟彼多羅隨行至署寒甚就火二婢子先後自內出並戲曰爾豈耶穌黨耶役閑亦詰之三以不識對正雞鳴時也祭司之首曰該亞法詢以傳教之意與門徒之數耶穌對曰問聽我者卽知我所傳何語矣又招告者證之不得其情又證以彼嘗言欲毁殿堂三日復作之語葢耶穌前實爲此言欲自炫其術也

至是不辨祭司曰爾眞上帝之子乎曰是也觀者又唾而擊之蒙其目問誰實擊爾一時兵役共戲笑之亥早獄未決則解諸羅馬所命官之守耶路撒冷曰彼拉多者一云般雀所辣多定之如大人隨往懼入署汚濁他日不能與禮食則鬩於門彼拉多出諭以所告無大罪宜立釋之衆不服彼拉多入問耶穌曰爾爲如大之王否答曰吾爲此而生也彼拉多亦不能決以送如大國

王（行論要畧云卽希羅得不知其死已久矣）王習聞耶穌事奇亟欲試之而耶穌不爲作一靈異還以付彼拉多彼拉多終欲釋之故事每遇瞻禮日必縱一囚遂取他因與耶穌並立問衆曰誰當縱者祭主及法利西徒疊呼請放他因而以十字架釘耶穌彼拉多因其妻以夢勸欲銷民怒縛於石柱鞭之五千血流遍地兵役褫其衣而被以敝王服織棘爲冠箍其首謂其僭王故戲辱之衆因復

大譁曰釋僭王者叛臣也彼拉多迫於人言乃拘耶穌於鋪磚處希伯來土音所稱高臺者也至午衆聚譟如初乃令自負十字架至崿峨大釘手足架上以希伯來希臘羅馬三國書分題曰如大之王拿撒勒人耶穌祭司謂宜云自稱如大王彼拉多不肯易書當負架時耶穌已力乏之行甚艱所襯服又分於守卒受釘益覺痛苦同釘二賊夾其左右其一誚之曰曷不自救以

救我其一正色責之因目耶穌謂他日登天國勿忘我耶穌答曰今日卽偕往矣其母馬利亞及其從母爲革沐法妻又抹大拉之女亦並名馬利亞者久從耶穌來與弟子若翰同立架側耶穌目若翰謂母曰此卽爾子又目母謂若翰曰此卽爾母將以母託之也渴甚不得飲或以絲浸醋置於草上予之耶穌吮訖厲聲呼曰㕥唻㕥唻啦嗎嘁嗷吠呢譯言上帝上帝何爲棄

我也言已氣絶一卒以戟刺其右胸血如注年三十有三時自午至申大地昏暗一云時月東行掩蔽日光一云太陽如夜地震石殿堂帳帷無故自裂有破此據馬可所傳福音富人一云達官私信耶穌者亦名約色弗一云其徒尼畧得若瑟二人葬之求其屍裹以布與兩馬利亞葬之死之日爲預備節即安息之先一日也猶大士目覩死狀忽大悔擲所賄還於祭司出而自縊祭司議曰是固賣血者歸諸庫非所宜乃買地爲義

塚後人稱之曰血田安息後一日而馬利亞及撒羅米具香將爲塗屍至則墓石已開一白衣者語曰耶穌已三日復活往加利利矣諸婦歸述於諸徒彼得羅親往驗之惟殮衣獨存適弟子革流法偕他徒往馬烏鄉途遇一人問胡爲憂形於色革流法以耶穌死不見屍諸婦遇天神告以復活一切語具告之其人曰基督以受苦登天矣隨援聖錄解之旣暮去鄉漸近二人

留與宿入室飯其人擘餅與之二人恍惚間擘餅者殆耶穌也頃刻不見歸以述於諸徒諸徒亦舉耶穌夜至彼得羅室以所傷示徒衆及爲設魚蜜食之事還告之相與太息時弟子多馬士他出未嘗目見以爲妄耶穌忽與見使摩其釘跡皆死後八日事也四十日再與諸徒見重申天國之理與他時大加審判人人復活之事囑令傳教始於如大撒馬利亞次及異族遍於

諸國擇彼得羅掌教稱曰鐸德使主教事尋率諸徒出郭外至阿利物篤山（一云阿裹山）與先死候於靈薄所之古聖靈魂耶穌於死後所入而領之來者同時昇天坐於罷德勒之右矣（西國以左右分貴賤蓋以爲位在諸天神上也）時門徒瞻望之不肯去有白衣天神二降對衆言曰後耶穌從天國依然下來審判生死言訖而去後十日百二十門人須經祈禱天神復降衆人首皆見光耀如火焉耶穌

所預囑將來復下人間審判語諸國咸習聞之未幾遂有惡徒冒耶穌名出煽惑世人多爲所愚者其人無神異不過恃有魔鬼附其身由是倡民爲亂因起諸國爭戰以至凶年饑饉地震後復遭瘟疫有二聖人一曰阨諾格者生於洪水前開闢後之六百二十年一曰阨里亞生開闢之三千三十年兩人異世同居人未之知也及是病邪魔壞耶穌之教出而扶之證惡徒妄

託之非如是三年旋遭魔難加以酷刑棄其屍
於市遍地大震房屋頽圮壓死者七千人衆聞
空中有神言命兩人升天者於是兩人殘軀復
活乘雲而去惡徒復假魔力僞稱歸天與人定
約時日期至果能升空耶穌遣宗神敗其術魔
遽隕落地中張一巨口吞魔及惡徒收入永苦
獄矣所遺經一（此下数中事）曰聖號經凡耶穌諸經多者止
數行其末必有亞孟
二字故諸書有謂耶穌名啞吧者惟一凡三十
說作眞與實深信解一說云致囑之意

五字教人以十字爲號者一曰天主經凡三十七字一曰聖母經聖母者卽馬利亞謂未有天地之先天主已簡定其母其福德非衆女所及耶穌死後其母年至六十三而死入教者欲求天主赦罪增福必求之於其母故有是經也一曰信經凡百六十二字以所行事析分節段令人思而信之皆所以持誦者謂信之則升天堂謗之則墮地獄也凡此皆耶穌所自造傳於其

徒使後持敎人與衆守之者也又有七蹟一洗滌二堅振三聖體四痛解五終傳六品級七婚配皆稱聖事之蹟謂天主欲賦寵佑於人因託有形象者以通之洗滌云者蓋人生必有原罪本罪原罪者初生人類之祖名亞坍者違背天命其罪永傳於子孫本罪卽本身自犯十誡之罪耶穌死遺令後來掌敎者於世人入敎日以清水誦經爲之洗滌卽除夙業盡赦原本二罪

引進者稱曰代父謂有罪者先如已死今入教乃復生如父之生我也又各取先入教有顯蹟稱古聖者之名易其名炎食之以鹽謂天主加其神味男子則以油傅其胸與背與頂謂開其心加其力如油之浮而不沉也蓋以白帨示潔淨照以燭示光明也堅振者飲聖水後靈魂猶弱或遇艱難便移心志故以油擦額上以求堅固心神也聖體者耶穌死前一夕手執麵餅酌

酒謂此卽我體我血凡食之者彼與我同入敎不領聖體他日卽不能復活痛解者進敎後偶有過失法不能再領聖水故令其省察痛悔能自告解而贖則赦之終傅者賦聖寵於病人使臨終而輕其形神之困苦又以油傅其五官以望救也品級者有主敎有鐸德入敎者先習敎禮後從主敎考取爲鐸德其權可代天主審罪過而分處之又得主行大祭禮所謂彌撒也婚

配者謂初生人類一男一女自爲配偶故其教不許娶妾而終身亦不得休離其妻也又有八眞福一以己財盡施於人而甘貧者爲神貧二有仇不報爲良善三涕泣悔己罪及切代求赦人罪四嗜義如饑渴五哀矜困乏善誘愚蒙六心口中淸淨七與人和睦八患難中守誡不失身八福皆可登天堂者又以肉身世俗魔鬼爲三仇謂徇耳目四肢之欲囿風俗習染之非皆

當猛省至魔鬼尤能害人靈魂別以十字聖號爲退魔器械其後世所定之會規亦有四一主日暨諸瞻禮日宜與彌撒二一遵守所定齋期齋有大小大齋不食禽獸之肉午止一餐小齋不限餐數三解罪至少必年一次四領聖體至少亦年一次會名曰厄格肋西亞（華言聖教會也）諸弟子（此彼教流衍之故）當時亦各撰爲福音馬太所傳者凡二十八章馬可所傳者凡十六章路加所傳者凡二十四

章約翰所傳者凡二十一章凡外出傳敎者必自稱曰聖差稱耶穌曰主而自稱曰僕分地而出恐異地人驟難信奉則必先寄以書反覆推明其敎之始終今所傳者有保羅寄羅馬人書凡十六章寄哥林多人書上凡十六章下十三章寄伽拉太人書凡六章寄以弗所人書亦凡六章寄非利比人書凡四章寄哥羅西人書凡四章寄帖撒羅尼迦人書前凡五章後三章寄

提摩太書前凡六章後凡四章寄提都書凡三章寄非利門書一章寄希伯來人書凡十三章耶哥伯爲書凡五章彼得羅爲書上凡五章下三章約翰爲書上凡五章中下各一章復別爲一傳曰天啓之傳卽猶大士亦有書一章似悔其所爲轉念生畏以是補過也復有聖差言行傳五卷歷敘傳敎宗徒始末宗徒本十二人同門以猶大士致死其師擯不與列故分行傳敎

時籖掣得馬提亞補足其缺耶穌所招諸徒大率傭工貧苦之輩惟保羅（即掃羅）出身書吏先以祭司命拘執耶穌之徒耶穌死後自謂目見之遂入其教故立說勸人獨多而不在十二宗徒之內耶穌未死使其徒各出治病驅鬼恒不驗蓋非有符籙咒語爲之傳授但令其堅心信奉而已其訓徒語言亦多隱躍其詞然大旨則由摩西之教再轉一層如古律禁殺人而耶穌則

謂以忿怒加人怒聲叱人卽入地獄古禁邪淫而耶穌則謂見色而慾心生卽心已行姦又目有邪視手有邪作不如折其手剜其目猶爲傷在一體與全身受罪者殊古例可休妻而耶穌則謂休之是致其妻與娶之者皆得姦罪古云以眼報眼以齒報齒愛爾者愛之惡爾者惡之而耶穌則謂人毆爾右面宜轉向左面以待之人迫爾同行一里宜倍兩里仇爾者宜加其愛

惡爾者宜加以恩咒詛爾者反祝之又謂摩西以諸血獻天不能救人惟耶穌自流其血而後人得其救其立教大叚如此厥後諸徒傳教人旣衆所至之地漸廣其信者輒鬻其家業爲賙濟貧徒之費其爲書招人從教雖言詞叢遝然所稱說較之耶穌所口述者爲獨詳故動人尤易顧因是復招時忌被獲囚者雖迄於死猶堅守不少悔而保羅之被禍尤慘當耶穌之自言

三日必活也祭司輩恐其死後復生他奇幻請於官以卒守其墓及墓開稱再生者喧傳萬口官潛賞防卒使以其徒私移屍骸播於衆如大民信之故至今耶穌教遍西海而其土人反有盗屍之說而諸徒之行教也亦斤斤以異族類爲辭所寄書亦專爲他國而作而不敢先於本土者有由也葢當日兩黨皆摩西之支流餘裔入人已深故耶穌之爲說止推而稍變之其所

恐塵世造孽者多將飛走之屬遍滿大域矣且果以今生罪惡不使之受罰當世乃移而罰於他生是使他生無罪受罰於理亦未公平又人之靈魂目不得見所云如刀山劍樹種種陰刑安能施於無形之鬼耶如謂近報在己遠報在兒孫不知帝王制法尚罰不及妻孥殃以至大至仁之天道轉有如是之慘酷者乎當羣疑不決之時賴耶穌由天降地示人以地獄之苦謂

如蟲咬不死火燒不滅此特借人間極難受者以形容之耳天堂之樂亦非如世人所豔羨之仙媛環侍飽飫天廚之謂也葢一遊其境即身爲天官不須飲食婚配自然無災無害優遊暢快與萬萬天官同贊助上帝於無窮也其審判之目有二曰小審判曰大審判小審止於人死時天主審其善惡定其靈魂之賞罰至大審判則於普天下人復活之日集而公讞之其期爲

天主臨時所定雖他天神不能知也將行大審
期前其在上則諸天失序日晦月冥星辰隕墜
黑雲滿布雷電轟烈火焰飄飛暴風四起在下
則海湧濤洶江川泛濫如血諸畜死滅山邱震
裂地體大動耶穌於是降火焚燒民人殆盡而
後十字聖架現於空中耶穌駕雲而下舉人類
中之貴賤賢愚其生前所行善惡之具載簿籍
者盡分攜而覆核之當時其母其徒與萬萬天

使擁護於如大國首令四大神吹嗚號器於是已死之骨骸無論腐壞散失之不同者至此施以全能悉令其與未散之靈魂相爲附合一一復存譬如農夫播種先朽腐而後萌芽前生爲血肉之身再活爲靈神之體自此一活其質永不再壞而耶穌乃各按其善惡而審判之凡有罪者至是乃昭彰顯露於萬耳咸屬之前不復可絲毫隱匿時以左右區分善惡兩類耶穌將

謂右列善者曰爾嘗爲我設飲食居室衣服及疾病監獄皆爲我料理善者方茫不省記耶穌乃徐曉之謂爾以施我至小之徒衆卽與施我同矣又將謂左列惡者曰爾不爲我設飲食居室衣服及疾病監獄皆不爲我料理惡者亦茫不省記耶穌乃徐曉之謂爾不施於我至小之徒衆卽與不施於我同矣當時一賞一罰雖父子兄弟夫婦子孫離別於頃刻不復能相爲贍

顧其惡者卽入地獄同受永禍而善者别予以神光使七倍於日光又能穿堅透石凡一切有形之物不能碍其出入且萬里一息必有所願身卽至之從此不畏寒熱不倦亦不饑在火不燒在水不溺永無死法但善與善同快處於兩大之中其時天地再新星如月月如日日光視前七倍焉（所引彼說止此）所謂復活之說得其曲折如此是以彼教專勸人乘未死之先誦經進教及身悔其

不信之罪預以備他時之大審判庶不致臨時生悔然信非空信必致心誠一禮拜殷勤常以十誡自警一入其教終身不得改易其諄諄勸人者固謂傳之廣遠方足感耶穌之心而救之赦之然究亦同出愛人如己之一心泰西人類多智巧之士愈智愈堅守其説以爲己身他時再活之根源蓋童而習之稍長而入學讀書所見所聞師傳友講耳濡目染竭一生心思才力

咸萃於是無他載籍以啟牖其識見及其偶一涉獵中國之書則又未有時賢為之指授未得其綱領乃反處處舉詩書中所載事天者以為之證故入主出奴牢不可破其端固有自來也（此下歷援史傳見彼教支流先自歧出）行教之徒雖極力鋪張然遲之又久遞相傳述源遠而末益分矣於是而大秦教末尼教祆神郎斯彼教雜出於隋唐之間雖舒元輿有言合天下三夷寺不足當釋寺一小邑（語見重巖寺碑）然三者

之來異軌殊趨莫可窮詰大秦卽景教也宋敏求長安志載波斯寺貞觀十二年爲大秦胡僧阿羅斯立在義寧坊街東之北儀鳳二年波斯三卑路斯請建波斯寺在醴泉坊之東神龍中宗楚客占爲宅移於祆祠之西在布政坊西南隅册府元龜載天寶四載九月詔曰波斯經教出自大秦久行中國建寺因以爲名示人必循其本其兩京波斯寺改爲大秦寺州郡宜准此是大秦教之原於波斯也

明萬歷中長安民掘地得唐德宗建中二年景敎流行中國碑頌（按來齋金石刻考畧明崇禎間西安守晉陵鄒靜長先生幼子化生能行便解合掌禮佛病逝葬崇仁寺南掘得一石乃景敎流行碑也既埋千年今始出三世因緣此兒其淨頭陀再來耶字完好無損者所稱得石年代異）其云三一妙身无元眞主阿羅訶判十字以定四方鼓元風而生二氣暗空易而天地開日月運而晝夜作匠成萬物然立初人語與古史所紀天帝六日造物語畧同其云三一分身景尊彌施訶戢

隱眞威同人出代神天宣慶室女誕聖於大秦
景宿告祥波斯覩耀以來貢及權輿造化起地
立天分身出代救度無邊語與降世救民童身
感孕及三王指星象而來朝語同而三一之義
即天主分而三合而一之說也其云圓廿四聖
有說之舊法設三一淨風無言之新教及魔妄
於是乎悉摧能事斯畢亭午昇眞語與摩西以
後兩得天示重立新教逐除魔鬼白日升天語

同其云印持十字（金石萃編十字已泐今據家藏本）及不畜臧獲均貴賤於人不聚貨財示罄遺於我七日一薦洗心反素語與奉持十字禁用奴婢散財為神貧七日一禮拜語全同碑以阿羅訶為景教之主云大秦國阿羅本（長安志作阿羅斯）於太宗貞觀九年至長安十二年七月詔立大秦寺度僧二十一人（按長安志初建寺尚稱波斯天寶四年乃易名大秦今碑去其原名所以誇其國耳）高宗詔於諸州各置景寺仍以阿羅本為鎮

國大法王元宗時大秦僧佶和至詔於興慶宮修功德肅宗時詔靈武等五郡主立景寺至建中二年而後立碑此大秦景教入中國之緣始故金石錄補與潛研堂金石文跋尾並以爲即今歐羅巴之天主教然其徒未嘗謂教主爲耶穌也又祆神一教即波斯教與大秦不同其字从示从天說文云關中說文蓋統西域言之謂天爲祆廣韻亦曰胡神西國尊天君曰天可汗山曰天山

凡尊者輒以天冠之考長安志祆祠唐武德四年立即在布政司西南隅宗楚客移波斯寺於其鄰者祠有薩寶府官以胡人主其祀王溥唐會要波斯西與吐蕃康居接西北拒佛菻即大秦俗祀天地日月水火西域事火祆者皆詣波斯受法波斯以摩醯首羅爲教主號蘇魯支弟子各元眞大總長如火山此據錢氏景教考引宋人姚寬之言景教碑所謂三百六十五種肩隨結轍競織法羅或空有以淪二或禱祀以

邀福茫然無得積味之途於是三一幻身出代以禪繹之則所指三百餘種皆非其教正宗知波斯原與大秦互異無如波斯教久流內地建寺在先是以阿羅本初至不得不假波斯之名後既自立宗乃請改名以示異否亦沿流溯源從既異之後而追稱之耳而波斯之自爲一教則以此爲明證矣末尼亦曰摩尼志磐統紀引開元二十年敕云末尼既爲西胡師法其徒自

行不須科罰大歷六年回紇請荆楊等州置摩尼寺並見志磐統紀元和初回紇再朝始以摩尼至見新唐書回紇傳二年正月請於河南府太原府置摩尼寺許之見舊唐書憲宗紀其徒咸白冠戒葷酒夜聚淫穢畫魔王踞坐佛爲洗足蓋白靈白蓮之流原與耶穌之教無涉特以其教因回回以入中國凡回回所奉之默德那國王穆罕默德既以生而靈異尊爲天使其國語稱別諳接爾設教復專取事天

而天方古史又稱阿丹（即亞坍）奉眞宰明諭定分
定制傳千餘載洪水泛濫有大聖努海治世使
其徒衆治水因而有人一與摩西耶穌所傳之
說所行之蹟若合符節且後世回人之稱清眞
教者祀天禮拜所事胥同又景教碑一曰常然
眞寂再曰戢隱眞威三曰亭午昇眞四曰眞常
之道五曰占青雲而載眞其以眞立教最爲明
晰而今之清眞寺人稱之曰回回堂其自稱則

曰眞教寺合觀諸說則末尼本同回回而回回本同景教是二是一似皆從耶穌而來仍與耶穌相混其變亂於後人耳目同而實異異而實同未可爲之一一剖其端而理其緒矣按天方古筠沖地亦名天堂又名西域與回回回爲鄰明宣德間始入貢今之淸眞寺蓋兩而一之且更自衍其說謂阿丹傳施師師傳努海海傳易卜剌欣欣傳易司馬儀儀傳母撒撒傳達五德德傳爾撒爾撒不得其傳六百年而後穆罕默德生命曰哈德國中有佛經三十藏自阿丹至爾撒得百十有四部其經之降與母撒者名如討剌特降與達五德者名則遖爾降與爾撒者名引支納

皆經之大者自穆罕默德按經六千六百六十有六章名曰甫爾加尼其餘則今清眞教所誦者其說雖誕然卽此可見其與景教天主教各別源流顧所守諸蹟則又確同一鼻孔而出眞令人不可推測矣

總而論之（至此乃暢加論斷）其所云天堂地獄原與釋氏同宗其福善禍淫之說卽儒家作善降祥不善降殃之理亦卽後儒天堂無則已有則君子登地獄無則已有則小人入之意惟是釋氏之始其宗旨本尚寂滅意主清修而其徒之勸人信奉乃增出拜禱唪誦之事已失之遠矣耶穌

之教則但就日用所行之有益無害於人者爲善而尤以禮拜爲尊崇其勸人信奉之心則視釋氏尤切惟切故殷遂不計其地其勢其人之可傳與否而必專心致志無所不用其勸矣然則其傳教之心迹仍與釋氏小異大同所不同者釋氏以輪迴受生爲賞罰之究竟善惡之出路猶是隨造化爲消長事之有無未可知顧小說家時有魂遊地府者未可執理而驟窮之但

爲儒者之所不道耳此則以復活期在一旦又取死後已化之骨骸至此各賜以靈神使相與永存不壞明知人葬久則骨化塵土且有銷毀於水火猛獸當時已并骨無存者但歸於天能造物何死人之不可起白骨之不可肉則姑舍其事而論其理矣除至善至惡仍各歸天堂地獄外餘則並存世間人類至此無死無生聽此數千萬億不鬼不仙之靈魂充塞天壤無論造

而不化異彼蒼消息盈虛之常且宇宙內亦安得有如許廣大幅幀載此開闢至今如恒河沙之衆將使齊其貴賤親疏於一致乎抑此中復爲之區别其等次乎豈日日羣居聚處安於無所事事得逍遥翱翔於空虛廖廓之表乎抑既各與以神通復責以職守乎將使生前之父子兄弟夫婦朋友遇之而漠不相識乎抑仍以類聚乎君父至尊舊爲之臣子者乃等諸陌路其

魂也而謂之靈乎且第即其說而問之天果將來有齊集審判之日是生人之類自此終靈魂之軀自此始矣無論審判不知遲至何代而後舉而自耶穌至今已千餘年矣何以不一行審判乎即以今論　中國生齒數千萬逆推至自有生人以來更合以數大洲之死去見在者斷斷乎不可以數計明矣然則靈魂遍滿寰區之內必待審判而後登者登而入者入也今未登

未入之前自散諸浮閻世界矣果將何地以處之耶雷爲天聲爲響最巨然震驚止百里耳試問分列左右候判之魂當時加以問答能使遍聽而共喻耶不敢知也又釋氏絶去父子婚偶使無爲其徒者則人道立絶其說已立窮矣今所傳十誡中所言孝父母止在能養而必以不勸人敎爲不孝又以一夫一婦居室同於始生人類之男女而以娶妾傳嗣爲犯天父之誡故

雖聽絶嗣而不許人有妾媵是又與釋氏同爲
內地難行之事矣　中國先聖後聖一中相傳
人率性而爲善而希賢希聖皆善也溺於物欲
乃漸積於惡矣有善不伐豈望其報爲惡不改
難逃於法故朝廷之爵祿車服即所以待君子
也五刑之屬三千所以待小人也至於不孝之
子往往殛於震雷又風雹水火癘疫地震動戕
百萬生靈有事後之懲貺無事前之防範此又

在聖道治化之外其賞善罰惡之偶驗偶不驗則天道主之竊爲之窺測其端倪似大有以一儆百之微旨寓於其中天地之大雖聖人有所不知則歸於造物之不可測所謂六合之外聖人存而不論六合之內聖人論而不議也故但曰陰陽不測之謂神而已惟王者事天明事地察大君爲天地宗子天子之所依稱也古聖賢所謂畏天敬天不敢褻天者初無日事禱告之

文也天生地成覆載同功禮並尊焉故大禮大工大役之舉各隨其時而昭告之至歲祀之典則冬至祭天於圜邱夏至祭地於方澤馨香上達天地亦鑒觀於有赫而眷祐以命之申重以保之雖諸侯亦止得祭其封內山川不敢設祀天之典以紊其分況百姓乎所謂敬而不敢褻者固在此詩之言昊天有成命帝謂文王書之言皇王上帝穹蒼之表固自有主宰綱維其時

行物生之權於無極者然則助襄盛化發育萬有豈無日星風雲雷雨山川岳瀆之靈森列昭佈於兩間有是神斯有是禮故王者朝日夕月及風雲雷雨五岳四海四瀆各舉其祀皆神祇也前代帝王師相凡開物成務及有大功德於民者則祀之能爲一方禦災捍患顯然可據者則祀之忠於國家捐軀効死者則祀之皆人鬼也皆朝廷典禮之所以報也而非一人一事私

禱獻媚而祈其福庇者可同年而語矣至於人死則魂升天而魄降地子孫以時舉祭則魂魄一聚所謂合漠也祭畢而散焄蒿悽愴之中洋洋如在而已其有無祀而求食者枉死而精氣不息者皆可以爲厲國家於是設壇以祭而安之今泰西人知尊天而不知尊地舉國無貴賤皆得入堂禮拜守其教讀其書積久已沿爲風俗何足深辨惟彼中人意釋教既久　中國已

遍延郡邑合　中國之賢愚長幼無不合掌祈拜於土木偶像之前於是舉一至尊至大至顯之天以相形而伸其勸阻彼蓋習見其俗之七日行拜以爲　中國之人之溺於釋教者當復如是又其所識皆內地商賈者流徒知求利無所據以祛其疑彼之爲此過慮厥有所以殊不知佛門蔓延至今其徒衆之繁已難屈指合之適成天下一大養濟院齊無父子無家室之衆

散置於禪房紺宇俾與蚩蚩之氓並生並育不耕而食不織而衣聽其自爲祝禱不責效亦不禁止及其犯法則官懲之編其所居隸諸保甲與凡民等所以待之者如是葢此輩信之不能利人聽之亦不能損人可杜絶於芽蘖之初萌而不能斬刈於枝條之既蔓設一旦痛加禁絶亦安能取此數千萬人強稼於畎畝村落而保其必帖然就安乎且孤老瘋疾育嬰之所經費

皆籌於官獨僧尼全資布施近且多自食其田租於公無害也若夫紅教起於元之八思巴黄教起於明之宗喀巴同源異派更無關於釋教之初宗然西北行國每視爲嚮背焉不過卽其化身轉世之奇以優其禀給名號之錫而沿邊數百萬互相雄長鷙悍難馴之僧俗因以綏靖安衛藏卽以安邊境服黄教卽以服番民此又所以示覊縻之大權神銜勒於驅策蓋觀於南

北朝西域之迎法師求舍利者動至數十國各以兵爭而後知函夏無壓方隅有謚皆因勢利導之所致而然夫豈元代尊崇帝師擾攘國是者可足比數哉　中國士大夫間有晚年遁入禪悅歸宗清淨譬諸膏粱飽饜之後偶思蔬水又譬諸色伎雜進豪華已極則必轉嗜夫骨董書畫養性情而消清晝其勢然也要亦假其機鋒游戲筆墨爲文字禪甚或借其明心見性之

皆以啟靈明以除煩惱已耳一切如舍宅入寺設食齋僧則前代少有今更弗尚至於浄髮披緇焚香燒頂之事雖在唐代譯經興教之世猶斷斷乎無之有一於此則當代儒流羣起而相爲指摘不齒於縉紳士林中觀於村氓婦女入廟燒香皆爲觸法而謂儒林碩彥覥然衣冠之族乃肯乞靈土偶生此愚願哉唐虞三代以來周公孔子之道燦然如日月麗天江河行地歷

一名犂鞬在海西故曰海西國地方數千里四百餘城其民長大平正類中國故曰大秦欲通漢爲安息遮闌不得達延熹九年其王安敦遣使自日南通貢晉書亦稱東西南北各數千里城周百餘里魏書云都安都城從條支渡海一萬里其海傍出猶渤海東西與渤海相望地方六千里居兩海之間舊唐書拂菻一名大秦所稱王無常人有災異輙廢而更立語與晉書合

其餘殿以象牙爲門香木爲棟所產夜光璧明月珠並與晉魏兩書及新書合今按其教書所謂耶穌行蹟不出加利利撒馬利亞如氐亞三省此外卽指謂異國矣幅幀固不如大秦廣其王父子世及亦不聞有擇賢代立事而海國聞見錄則稱哪嗎爲天主王國由民哰呻沿東南地中海至西多爾民哰呻亦天主之族類其所附圖哪嗎民哰呻南鄰東西兩多爾此與其敎

書所云如大歸屬羅馬即哪嗎合會覽圖說所云今爲西多爾即其教書滅於土番之所更名今且爲以至比多所有矣意其地爲古大秦國之一隅故大秦景教所謂判十字以定四方者與耶穌死於十字架情事尚在同異之間而不能盡歸脗合也觀新舊兩書無一語及景教入中國事可知矣若云開闢六千年史書並存則說本無稽明史已譏其誕謾今亦畧爲考證蓋

自萬歷九年利瑪竇始來中土之歲逆推至黃帝元年凡四千一百七十八年年代可考而知者止此前此則荒遠難稽據春秋元命包以天地開闢至春秋魯哀公十四年中閱十紀八十三君凡二十六萬七千年而據邵子皇極經世所稱元會運世之說推之自開天迄消天爲一元統十二萬九千六百年十二會各得萬八百年則由開天之子會推至唐堯甲辰之午會凡

歷四萬五千餘年而所謂天地人三皇乃已歷八萬一千六百年矣三墳之紀已亡諸說紛陳於何徵信今云開闢六千年自據其聖書所載洪水以前天帝下與世人問答者初但藏其家久之乃抄傳諸國漸傳漸廣共信爲眞而轉相傳述此與近日西人所纂東西洋每月統記之稱造天創地起至道光十四年爲六千五百四十七年者同爲據其所據亙由海邦舊少紀載

一有所聞無從辨證總視爲枕中鴻寶耳非眞
其國別有史書紀開闢後事如三墳者留傳至
今也豈惟書非僞託即此殷殷舉以勸人之意
亦出於視人如己之一念眞誠而不自憚其煩
也予故樂爲之説以援之

附全五册目録